꽃나무에 새긴 나이테

천안시인회 사화집

제19집 2013

오늘의문학사

꽃나무에 새긴 나이테

천안시인회

천안시인회

차례

권상기

꽃나무에 새긴 나이테

제19집

권복례

천안시인회

차례

이병석

꽃나무에 새긴 나이테

제19집

한정찬

천안시인회

차례

정덕채

꽃나무에 새긴 나이테

제19집

윤여홍

천안시인회

차례

한정순

천안시인회

권 상 기

□ 천안 목천 출생
□ 1992년 《한국시》 신인상으로 등단
□ 시집 『조약돌』,
『침묵으로 남는 소리』 『초록빛 그리움』
□ 천안문협지부장,
충남초등국어교육연구회장역임,
□ 순천향대학원 국어교육과 졸업
□ 知..好.樂독서교육연구회장
□ 천안일봉초등학교장
□ kg064514@naver.com

2013 →

초록빛 그리움 · 1

있는 듯
없는 듯
초록빛 그리움은 그렇게 와서
또,
그렇게 당신에게 갑니다
말로는 다할 수 없는
그리움을 참으면
무엇이 될까요
두 눈을 감아봅니다
초록빛 비가 내립니다.

초록빛 그리움 · 2

온종일 아무것도 못 하고
당신을 찾았어요
무엇이 되어 내게로 오시나요
작은 바람,
양지바른 논둑 냉이꽃,
시냇가 버들가지 눈,
질척거리는 길옆 질경이꽃,
민들레꽃도 있어요
아직도 눈을 못 뜨고
들리듯
말 듯한
당신의 소리를 들어봅니다.

초록빛 그리움 · 3

환상이 어떻게 오고
어떻게 가고 있는가를
알 때가 되니
자꾸 겁이 많아집니다
죄는 나이와 비례하지 않나요
섣불리 단정 짓지 않고
당신의 말을 기다려봅니다.

초록빛 그리움 · 4

서로 아플 수 있는 말은
말이 아닙니다
조금은 나이테 같은 말로
안에서 밖으로 나가는 문처럼
흙먼지도 풀씨를 안으면
한 권의 이야기책이 되고
당신과 내가 지금쯤은
어떤 안경을 써야 초점이 맞는가
생각하여 봅니다
빗소리가 환청(幻聽)으로 들립니다.

초록빛 그리움 · 5

어둠을 이끌고 오는 시간에
새들은 자면서도 노래를 부르려 하고
숨어서 자란 뿌리는
실눈을 뜨면서 당신을 바라봅니다
끝.
쓰지 말아야 합니다
아직도 이름을 붙여줄 새 생명이
당신을 기다리고 있습니다.

초록빛 그리움 · 6

— 최무용 생각 갖기 개인전에서

황톳길 따라가다 보니
당신이 살던 집에서
유년의 그림자들이
비석 치기
땅따먹기
때로는 술 주전자 들고 가다가
한 모금 마셨던 이야기들이
생명의 근본 위에서
흙을 섬기니
그리움도 섬길 줄 압니다
강하고 부드러운 것들
한 줌의 황토에 가두고
귀를 기울여봅니다
모든 소리가 어떻게 들리고 있습니까
듣고,
보고 싶습니다.

초록빛 그리움 · 7

당신을 바라보면서도
당신을 늘 그리워하고
당신과 함께 있으면서도
또,
그리워하며 살고 있습니다
어떻게 할까요?
또,
그리워하며 살아도 되겠지요.

초록빛 그리움 · 8

또 다른 그리움이 빗장을 풀면
또 다른 바람이 햇살을 몰고 와
눈, 비가 되어 머물다가
사랑이 되는가 봅니다
당신을 그리워하는 언어들이
꽃나무에 새긴 나이테처럼
당신 주위를 맴돌다가
어지럽고 어지러워
꽃으로 피는가 봅니다.

초록빛 그리움 · 9

초록빛 그리움으로 불타는
4월의 땅은
기다림으로 가득 차있습니다
풀잎 하나
돋아나는 나뭇가지 새싹들이
어떻게 기다렸다가
어떻게 그리움이 되는가
바라보고 있노라면
그리움과
기다림이 어느 곳에 있는지
알 수 있습니다
생명의 빛은 그리움과 기다림으로
뭉쳐 있는 외로움의 꽃다발입니다.

초록빛 그리움 · 10

한낮에도 두 눈을 감는 날에는
내 생각대로
꿈을 꾸고 싶다
나무가 많은 산에도 오르고
언제나 저 혼자서 흐르는 골짜기 물도 되었다가
고향 집 돌담 같은 햇볕도 쬐다가
사금파리로 흙벽에다가
자화상도 그리고 싶다
자운영 꽃이 핀 논에선
온몸을 숨기고 싶다.

천안시인회

권 복 례

□ 대전 출생
□ 충남고등학교, 공주교육대학교 졸업
□ 천안시인회 회장(현) 천안낭송문학회 회장 역임
□ 《해동문학》(1994년) 등단
□ 천안시인회 동인, 천안문학 회원
□ 해동문학상 수상
□ 공저 시집 『시와 울림』 『천안시인회 시화집』 18권
□ 공저 수필집 『오월의 나무 향은 나를 붙들고』 외 다수
□ 시집 『하나님의 해답』(1999. 오늘의 문학사)
□ 시집 『수수꽃다리 앞에서』 (2013. 오늘의 문학사)

2013

봄

눈도 멀고 귀도 멀어버린
십육 년 된 늙은 우리 집 강아지와
몇 해 전에 은퇴한 남편과
올 이월에 은퇴한 나
이렇게 셋이서
십 칠년 묵은 아파트에서 봄맞이 준비를 했습니다
머릿속에 담아 둔 우리 집* 지도가 흐려졌는지
가끔, 탁자에 의자에 머리를 툭툭 부딪치기도 하는
우리 집 강아지,
바라만 보아도 애틋해서 눈시울이 뜨거워지는
사람과 마주 앉아
꽃이 나뭇잎이 피어오르는 봄을 기다립니다

그래도
세상과의 소통은 갤럭시 폰으로 합니다
하루에도 몇 번 씩
내 카카오톡에
세상이야기를 들려주는
카카오톡 친구들과
멀리 캐나다에서

교신되어 오는 맏사위네 소식과
내 사소한 이야기에 답 글을 달아주는
사람들에게
—전화보다도 카카오톡으로 보내는 문자가 은근히 정이 듭니다—
꽃잎처럼 날려 보냅니다

개나리, 진달래, 벚꽃, 목련
두고 온 울타리 안 학교 이야기
가지각색의 집안이야기
카카오톡에
다 담아 전해 줄 즈음
멀리 있던 나무들이 이파리 너울거리며
내 곁으로 왔습니다

꽃잎이 바람에 날리는 아름다움을
꼬마 제자들이 아닌
늙은 강아지와 함께 나이 들어가는 남편과
함께 보는 재미는 또 다른 모습으로
내 곁에 왔습니다

조용필의 19집
Bounce(통통 뛴다)처럼
설레는 일은 없었지만
봄
봄
봄입니다

꽃잎이 지네요

그리움도 지네요

* 강아지 지도 - 강아지들은 머릿속에 다니던 길을 지도로 그려 놓아서 눈이 안보여도 잘 다닌다고 함

백곡저수지

— 여름

차령산맥 줄기의 나무들은
숲을 이루고
저수지의 물들은 범람하기 시작하여
수문이 하나 둘씩 열리기
시작할 무렵
나도 마음의 수문을 열고 싶었다

푸르른 잎사귀들이 물아래로
내려와 그늘을 이루면
거기 펄펄 뛰는 물고기들의
싱싱한 몸짓들이 있고
뜨거운 온기는
숲속으로 젖어 들어와 식혀지듯이
나도 마음 속 가득한 상처들을
숲속에 놓고 오고 싶다

기다림

거미가 며칠 째 거꾸로 매달려 있다
무엇을 기다릴까
무엇을 기다리기에
며칠 째 저렇게 거꾸로 매달려서
이 뜨거운 불볕더위를 참고 있는 걸까

가을 엽서 · 하나

젊은 날에는 시간에 대하여 참으로 넉넉했던 것 같다

삶의 시작은 어디서부터이고 삶의 마지막은 어디까지인지 가을 들녘을 걸으면 많은 것들을 생각하게 한다 늘, 학교 울타리 안에서 저기 눈앞에 보이는 울타리 밖의 삶을 동경하고 그리워했다 이제 학교 울타리 밖으로 나와 봄과 여름을 보내고 가을이 내 앞으로 왔다 울타리 밖의 생활은 시간표가 없어서 좋다 내가 일어나는 시간이 아침이고 내가 점심을 먹는 시간이 점심이고 내가 저녁을 먹는 시간이 저녁이고 잠자는 시간이 밤이다 또한 내가 여행을 가거나 아침부터 친구를 만나서 수다를 떨거나 내가 스마트폰을 보면서 히히대도 아무도 내게 뭐라는 사람이 없다 옆에서 나를 바라보며 우리 와이프 스마트폰 사기를 참 잘했어 저 생글생글 웃는 모습 좀 보게 하면서 한술 더 떠 주는 울 신랑이 있을 뿐, 내가 좋아하는 YB 윤도현이 천안삼거리공원에 온다기에 아침부터 서둘러 간다고 길을 막는 사람도 집안 청소도 안 해 놓고 빨래 통에 빨래가 잔뜩 하다고 잔소리 하는 사람도 없다 점심도 저녁도 밖에서 다 해결하고 집에 늦은 시간에 돌아 왔다고 나무랄 사람도 없다 집에 와서 씻고 앉아서 삶은 밤을 까아 먹으며 여보, 내일은 어디 갈까 걸어갈까 전철 타고 갈까 기차타고 갈까 며칠 전 아버지 산소에 다녀오다 보니

들풀들도 시들어 가고 나무들은 하나 둘 단풍들고 있던데,

젊은 날에는 시간에 대하여 참으로 넉넉했던 것 같다

가을 엽서 · 둘

이 가을에는
가슴에 그리움 하나
묻어 두고 싶다

책갈피에 묻어 둔 나뭇잎처럼 그렇게
마음에 묻어 두었다가
첫눈이 온 세상을 덮어
나무들이 빈 가지로
바람을 맞이하고 있을 때
그 때
꺼내 보고 싶다

그 그리움이
빈가지의 나무처럼 앙상하다 해도
나는
마음에 따뜻한 씨앗하나 묻어두고 싶다

그리움,

그리움

내 그리움의 끝은
언제나
두어 방울 떨어지는
눈물방울

풍경

점심도 저녁도 아닌 식사를
프랑스 레스토랑에서 파스타로 먹고
커피 한잔을 마시는데
기다란 창문으로 구월 나무들이 보인다
그 창 옆으로
나이 든 부부가 앉자
생맥주 한잔씩을 식당에서 일하는 아가씨가
갖다 놓는다
두 사람의 맥주 안주가 몹시 궁금할 시각에
스테이크 한 접시를 아가씨가 갖다 놓고 나간다

고기 한쪽을 뚝 잘라서
할아버지 입에 넣어 주는 할머니의 포크를
바라보고 또 바라보았다
저런 멋스러움은 어디서 배우신 걸까
나도 배울 만큼 배웠다고 늘 생각했다
나도 배운 여자라고 생각하며 여기까지 왔다

파스타 내 몫을 뚝딱 해 치우고
커피를 먹으며 여유롭던 내가,

아직도 파스타를 먹고 있는 내 앞에 앉아 있는 사람을
우두커니 바라보았다

가을 단풍과 노부부가 아름답다

순천만

기차에서 내려
순천만으로 가는 버스를
순천역 앞 제일약국에서 기다리는데
적색 고무 대야에 가득 담아 온 순천만 털게를
할머니 한 분이 자꾸만 사라고 한다
순천만으로 가는 길이라 자꾸만 옆으로 기어가는
털게를 바라만 보았다

살아 온 날들이나 살아갈 날들이나
집에다 두고 온 내 일상들이
순천만 털게나 짱뚱어 만큼이나
보잘 것 없이 보인다 해도
순천만 갈대숲 갯벌이
오염된 물질들을 정화시켜
보기에는 보잘 것 없는 것 같은
갈대와 철새와 텃새와 짱뚱어와 털게들이 큰소리 하나 없이 살아 가 듯이
내 보잘 것 없는 남은 삶도 큰소리 없이 살아 갈 수 있도록
바라보기만 해도 좋은

순천만의 넉넉함을 담아
내 두고 온 일상 속으로 돌아가려고

다시
순천역 앞 제일약국 앞에서 버스에서 내려
기차역으로 가는 길에는
낮에 만났던 털게를 팔던 할머니는
보이지 않았다
다만
집으로 가는 길이 너무나 멀어서
마음이 조급해 진다
순천만 갈대숲을 지나 용산전망대에서 바라보던
-순천만자연생태공원- 의 넉넉하고도 아름다움은 잠시
집으로 가는 길이 바쁘다
내일
나는 다시 사람들 틈에서 또다시 바쁘게
움직이겠지만

순천만,
그 고요함 같은 남은 생이 되기를 바랄 뿐,

가족

겨우내 쌓였던 먼지들
이제,
털어버려야겠다

벤자민과 파키라가 자라던 화분 한쪽
햇살 옆으로
저게 뭘까
저게 뭐지

갓 깨어난 듯
등껍질이 너무나 투명해
속이 훤히 들여다보이는 거미
한 마리,
너무나 놀랐는지 허겁지겁 달아나다
가만히 멈춘다

남향으로 난
우리 집, 따뜻한 거실 귀퉁이에서
겨울을 우리가족과 함께 났구나
무엇을 먹으며 살았을까

무엇을 보며 살았을까
무엇을 생각하며 살았을까

그래, 이 넓은 거실을
넘나들려면 너는 몇날 며칠이 걸리겠지만
걱정하지 말고
우리 집 벤자민과 파키라 옆에서
편히 지내렴

만남

오래전 안면도에서 만난 소녀, 토요일 늦은 오후에 가방을 매고 집으로 향하던 들꽃 같은 소녀에게 달리던 차를 멈추고 가방 속에 넣어 온 달달한 과자봉지를 건네자 고맙다고 고개를 살포시 숙이던 소녀의 곱던 모습을 오늘, 내가 다시 만났다

오늘, 샐러드 바에서 점심을 먹는데 내 바로 옆자리 나하고 대각선으로 앉은 사회초년생 같은 아가씨가 너무나 예뻐서 식사를 하면서 몇 번을 빤히 쳐다보았다. 밥을 다 먹고 일어서서 가방하고 소지품을 챙기고 식당을 나가던 아가씨가 - 맛있게 드세요-하며 방긋 웃으며 나간다 오래전 안면도에서 만났던 소녀와 웃는 모습이 꼭 닮은,

천안시인회

이병석

□ 1955년 당진 신평 출생
□ 1992년 4월 『문예사조』 신인상으로 등단
□ 시집 『끈에 관한 명상』 『이순역 앞에서』
□ 충남문협, 서안시 회원
□ 2001년 충남문학 작품상 수상
제11회 정훈문학상 작품상 수상
□ cord21@hanmail.net

2013 →

보리밥

좀생이별 살짝 흰 이 드러내는 저녁
보리밥 앞에 놓고 복에 겹다.
온종일 땡볕에서 흘린 땀방울만큼
구수한 된장국, 열무김치, 갖은 나물 풍성하다.

'주린 자의 음식이니라' 보리밥이 그랬다.

퉁퉁 불어 탱탱해진 하루
열 몇 시간 곡진했던 일상이
갖은 양념으로 버무려져 오감을 완성했다.
그래서 보리밥은 쌀밥보다 맛나다.

해가 바뀌었다

해가 바뀌었다.
새해가 밝았다.
시간은 무중력 속에 있고
삶은 이차원 속에서 아침밥을 굶고
출근 준비를 한다.
상습 교통체증, 주차장이 된 도로에서
한 발짝씩 밀고 나간다.
삼차원의 직장 속에서
종종걸음 놓다가 자장면 한 그릇으로 점심을 때우고
빼근한 오후를 버티다가
'이반데니소비치의 하루'를 읽으며
퇴근을 한다.

夏至 무렵

사흘 한나절 마늘을 깠다.
흘린 피처럼 끈적거리는
생마늘 진액이 아리다.
손에 불이난다 하지볕보다 더한
신열이 오른다.
손가락에 물집이 잡혔다.
왼손 검지에 마늘만한 아린
낮달이 들어앉았다.

—신화 속에서 걸어 나온 낮달이
어둑한 내 속내를 꿰뚫고 있다.

맞다 나는 곰이다.
삼 십여년 함께 살아온 아내의
깊은 속내도 읽지 못하고
자식들의 이유 있는 투정도
제대로 간파하지 못했다.
찬밥에 마늘장아찌 먹고
개똥쑥물을 마셨다.
사흘 한나절만큼 사람노릇 했다.

和解

山頂에 앉아 눈을 감고 쏟아지는
빛의 소리를 듣는다.
바람결에 실려오는 빛의 음성을 듣는다.
내가 없는 곳에서 내게 달려오는
빛의 발자국 소리를 듣는다.

산밑에서 지내는 동안 빛을 잃었다.
밤낮으로 내달리는 차들의 헤드라이트 불빛
먼지 회오리, 경적소리, 끼이익 급브레이크 밟는 소리
밤낮 없이 바쁘게 내닫는 사람들의
발자국 소리, 떠드는 소리, 고함지르며 다투는 소리
산밑에서 빛은 빛을 잃었다.

막힌 혈관의 소통을 위해 산을 올랐다.
산을 오르는 동안 나뭇잎 사이로
조금씩 빛이 보이기 시작했다.
산은 아직 건강했다.
단전호흡을 하면서 빛을 잃지 않고 있었다.

山頂에 앉아 고른 빛의 숨소리를 듣는다.
조용히 감싸오는 빛의 진언을
귀담아 듣는다.
잃어버린 시간으로부터 내게 달려오는
빛의 발자국 소리를 새겨듣는다.

공중화장실에서

때 절은 변기에 볼일 보다가
더께진 지린내와 만났다.
거처 간 무수한 이들이 쌓아온
지독한 지린내의 석회탑
고농도의 염산으로나 간신히 지울
배뇨탑 앞에서, 찰나
많은 생각을 했다.
참 많이도 다녀갔구나
많이도 버렸구나, 시원했겠다!
공중화장실이니 무차별 평등했겠지?
오줌 눌 때 갑을 벽은 어찌 되었을까?
갑은 동쪽 보고 을은 서쪽 볼까?
을이 동쪽 보고 갑이 서쪽 볼까? 둘 다 앞만 볼까?
앞만 보고 살아온 이들이 배설한
이유 있는 지린내 앞에서, 나도
속 끓여온 지린내 작심하고 분출했다.

퇴직 · 1

퇴직 후 하는 일이라는 게
뒷동산에 오르거나
집밥 축내는 일
별 볼일 없이 기웃거리는 일
한적한 골목길을 서성거리거나
외진 데서 눈감고 앉아 있는 일
지레 주눅드는 일

비늘 떨어진 생선과도 같은…

신선도가 떨어진 하루
끙끙 짊어지고 가는 일
지청구를 먹어도 국으로 지내는 일
딱히 할 일도 없으면서 바쁜 척 사는 일
세상이 뭐라고 해도 바삐바삐 사는 일
더는 물간 생선이 되지 않는 일
퇴직 후 하는 일이라는 게,

퇴직 · 2

— 재취업 신청서

십년 만에 새장 속에서 풀려났습니다. 십년 동안 내 자유는 새장 밖에 있었습니다. 새장 속에 갇혀 지내는 동안 군말 없이 시키는대로 했습니다. 일요일도 일하라면 일하고 국경일도 일하라면 일했습니다. 새장 밖에서는 주 오일제 근무였지만 새장 안에서는 공휴일도 휴가도 그림의 떡이었습니다. 하지만 열심히 일했습니다. 새장 밖으로 나오는 날 내 자유와의 벅찬 만남을 위하여. 그렇게 나는 내 자유를 만났습니다. 기쁘고 반가웠습니다. 그러나 내 자유는 무반응 이었습니다. 감각이 없었습니다. 아, 내 자유는 내가 새장 속에 갇혀 지내는 동안 化石이 되어 있었습니다. 무감각 무반응의 형체만 남은 내 자유의 化石 앞에서 어찌 해야 될지 갈피를 잡을 수 없습니다. 다시 새장 속으로 돌아갈 수도 없습니다. 이미 죽지의 기능을 상실했기 때문입니다. 새장 밖에도 새장 안에도 내게 모이를 주는 이는 없습니다. 바라옵건대, 내게 내 자유를 찾아 주십시오. 化石이 아닌 예전의 내 자유를!

— 고용노동부장관 귀중

퇴직 · 3

— 새, 여기 있습니다

그 때 그 새 여기 있습니다.
잘 보이진 않지만
구석 깊이 웅크리고 있지만
펄펄 날던 새 여기 있습니다.
큰 길에서 찾지 마십시오
후미지고 좁은 골목에서 찾으십시오
멀리 날 수는 없지만
시력은 무한대입니다.
앉아 만리를 보고 서서 우주를 살핍니다.
묵은 관솔이지만 화력은 최첨단입니다.
건강은 염려 마십시오
살아온 세월이 강철 면역력입니다.
바쁘시더라도 부디
그 때 그 새 다시 날게 해주십시오!

기침

나흘만도 못한 넉달을 보내고 나니
스멀스멀 궁끼가 옆구리를 지나
등허리를 기어오른다.
휑한 주머니 속으로 늦가을 서리가 내리고
반기던 얼굴들마저 하나 둘 멀어져간다.
피곤하다 함부로 내색할 수도 없다.
늘어져 자고나도 잔 것 같지 않다.
맥 놓고 앉아 있는 사이
입에서 삼십 년 전 돌아가신
아버지의 바튼 기침이
장대비로 쏟아져 내린다.

별이 빛나는 밤에

깊은 가을밤 비가 내린다.
캄캄한 어둠 속에서 손이 시렵다.
별빛이 그립다.
몸 떨리게 비 내리는 이 밤에도
별은 빛나겠지?
어둠 저편에서 빛나고 있겠지?
여전히 별빛은 따뜻하겠지?
한겨울에 더 따스했던 별빛!
별빛이 그립다.
비에 젖어 밤이 깊어간다.
손이 시렵다.
발이 시렵다.
손발이 저려온다.
별이 빛나는 이 밤에

獨酌

일 없는 사내가 미안해서
쌀을 씻었지
찰보리쌀을 씻었지
찰현미도 씻었지
고명으로 풋방콩 한줌 올려 놓았지
손등 넘지 않게 물을 맞추고
밥 한솥 잘 앉혔지
밥이 되는 동안
막걸리 한사발 준비했지
일 많은 여인에게 한마디 던졌지
부부는 탁배기야, 한잔 드시게!
혼잣말로,

연장 창고

수년만의 서울나들이 길에
인사동 골목에 들렀다.
친구와 술 한잔 하다가 소피가 마려워
뒷간을 물었더니 뒤쪽으로 가보란다.
좁은 골목 뒤켵, 화장실은 없고
널빤지에 궁체로 갈겨 쓴
'연장 창고'
거창한 문패가 보인다.
하기사, 세상엔 별의 별 연장이 많으니
창고도 지어야겠지
길거리에 함부로 나다니지 않도록
쉼터도 필요했겠지
급히 들어가 팽창한 욕구를 방출했다.
볼 일 보고나니 기세등등 혈기는 간 데 없고
맥없이 축 늘어진다.
누가 볼까 민망하여 슬그머니
연장 챙겨 빠져나왔다, '연장창고'

굴렁쇠

참, 많이도 돌았다.
돌아야 사는 목숨,
胎生이 地球를 닮아
멈추면 죽은 목숨,
해돋이에서 해넘이까지
한甲子 그렇게 살았다.
한바퀴 한바퀴 돌면서
세상 이치 배우고
天命을 깨우쳤다.
돌고 돌아온 이 자리
다시 시작이다.

고추 寫眞

한갓진 마당에 고추가 잘 마르고 있다.

갈볕이 세 살박이 웃음처럼 해맑은 오후
삼복 땡볕에서 빨갛게 통통 살 오른
고추 한섬 밀짚방석에 큰 대자로 누워
방긋방긋 잘 마르고 있다.

갈볕에 고추가 발갛게 得道하는 동안

흑백사진 속에서 사내아이 하나가
배냇저고리 밑으로 아랫도리를 다 개방하고
방싯방싯 웃고 있다.
여봐란 듯 한껏 고추를 드러내놓고.

한갓진 마당에서 갈볕이 저물어가는 동안

어둑한 마당에 한 사내가 서있다.
잎 떨군 은행나무처럼 서서
바지 깊숙이 고추를 묻어놓고
흑백사진 속으로 들어가고 있다.

(전설이 되었지만 우리 부모님들은 흑백사진 속의 고추를 좋아하셨다. 못생긴 희나리고추까지도 좋아하셨다)

천안시인회

한정찬

현재 충청소방학교
교육기획과장으로 일하고 있으며,
詩를 쓰고 있다.
http://sobang.kll.co.kr hcc321@korea.kr

비우는 법

대나무는 어릴 때 채운 속을
나이가 들수록 비워만 간다.

대나무는 비울수록 강인해져
비바람 폭풍우 눈보라에도
거뜬한 삶을 유지한다.

어릴 때부터 속을 채워온 나는
나이가 들어도 확 비울 줄 모른다.

오늘은 왜 대나무처럼 비워야만 하는지
대숲에서 많이 비우는 법을
내가 올곧게 배워야겠다.

그대들이여!

고민하는 그대들이여!
아파하는 그대들이여!
고민하는 것도
아파하는 것도
그대들만의 큰 자랑이요
그대들만의 큰 특권입니다.

그대들이 서있는 차마고도
그대들이 나가는 망망대해
그대들의 고민과 아픔은 나침반이다
그대들이여! 이 소중한 자산을
절망도 포기도하지 마십시오.
고민과 아픔에 늘 희망을 가지십시오.

세상을 이미 안다고 수식어를 쓰는
기성세대의 무수한 무리들도
결국 알고 보면 오십 보 백보
그 이상은 절대로 아니었어요.
고민하는 그대들이여!
아파하는 그대들이여!

고민도 보람이요. 신명나는 일입니다.
아픔도 성숙이요. 행복한 일입니다.

삶

우리들의 삶이
늘 행복한 건 아니지만
그렇다고 우리들의 삶이
항상 불행한 것도 아닙니다.

우리들의 삶이
늘 즐거운 건 아니지만.
영영 우리들의 삶이
항상 괴로운 것도 아닙니다.

우리는 삶의 여정에서
행복과 불행의 거리 오가며
사랑도 미움도 함께 하는
삶이 얼마나 소중한지
느끼면서 살아요.

우리는 삶의 여정에서
즐거움 괴로움 눈금 읽으며
믿음과 신뢰를 굳게 쌓는

삶이 얼마나 소중한지
느끼면서 살아요.

우리들의 삶이
늘 행복한 건 아니지만
그렇다고 우리들의 삶이
항상 불행한 것도 아닙니다.

우리들의 삶이
늘 즐거운 건 아니지만.
영영 우리들의 삶이
항상 괴로운 것도 아닙니다.

나의 집

안락한 여정의 나의 집엔
만남의 행복한 즐거움으로,
나는 쟁기질 하네, 나의 글 골에,
새 이랑 내 경작 하는 건
온전한 나의 사유(思惟).
내 글 골 지나가는 나그네들은
저마다 한마디씩 말 건네지만.
영롱한 아침 해가 솟구쳐 지고
휘영청 밝은 달이 희미해 가도
나는 끝까지 사립문에 눈을 머물리라.
새벽별 산책에 걷히는 밤안개처럼
세상은 늘 밝아지고, 또 맑아지리.

소박한 여정의 나의 집엔
만남의 평범한 소중함처럼,
나는 호미질 하네, 나의 글 골에,
새 이랑 내 경작 하는 건
온전한 나의 자유(自由).
내 글 골 지나가는 나그네들은
저마다 한마디씩 말 건네지만.

폭풍우 몰려 장마 휩쓸고 가도
눈보라 닥쳐 한파 머물고 가도
나는 끝까지 사립문에 눈을 머물리라.
새벽별 목욕에 걷히는 물안개처럼

사람

개신교나
천주교나
불교나
종교의 믿음은 사랑이다.

입법부나
사법부나
행정부나
국가의 기능은 원칙이다.

농촌이나
어촌이나
도시나
신성한 일터는 정직이다.

남극이나
북극이나
적도나
삶의 적응은 준비다.

문학

문학은 음악이다.
음악은 철학이다.
철학은 공학이다.
공학은 이학이다.
이학은 미학이다.
미학은 문학이다.

문학은 미학이다.
미학은 이학이다.
이학은 공학이다.
공학은 철학이다.
철학은 음악이다.
음악은 문학이다.

일터에서

소방서
119구급 일 하다보면
119구급차 안에서 출산하는 일은 흔한 일이고
119소방헬기 안에서 출산하는 일도 가끔 있어요.

구급차 헬기에서 더러 겪는 일은
산모 아기의 안위에 마음의 진정을 가다듬어도
때론 산모의 진통호소 위급상황에 당황하게 됩니다.

아기가 엉덩이부터 나올 때는
그 답답함이 큰 바위산처럼 머리를 누르지만
아기가 순산할 때는
등 뒤의 식은땀도 한 줄기 시원한 바람이 됩니다.

거창한(韓) 거창사과

거창한 거창사과 익을 때
이산 저산 큰 봉우리 사이로
길 따라 물 따라 살짝 오세요.
그대 아무런 조건 없이 와도
그저 큰 절하고 수런대는
거창한 거창사과가 미리 반겨요.

거창한 거창사과 익을 때
산봉우리 온통 불타는 단풍이
물든 물길 따라 금방 오세요.
그대 아무런 기한 없이 와도
그저 좋아 어쩔 줄 몰라 하는
거창한 거창사과가 미리 반겨요.

거창한 거창사과 익을 때
산이 많아 물 맑고 공기 좋은
가을햇살 따라 빨리 오세요.
그대 아무런 부담 없이 와도
그저 넘실대는 인정에 자란
거창한 거창사과가 미리 반겨요.

좋은 말 하고 살아요

말 해 아주 좋은 말
말 들어 정말 좋은 말
늘 좋은 말 하고 살아요.

마주치는 할머니에게
다가가 다정히 눈 맞추며
"할머니 젊었을 때
참 아름다웠겠어요."해보면
"뭘요."하시며
바짝 다가 와
환희 반기는
저 고운 얼굴 좀 보세요.

마주치는 할아버지께
다가가 공손히 인사하며
"할아버지 젊었을 때
한 참 잘 나가셨겠어요."해보면
"암요."하시며
목에 힘주어

무용담하는
저 굳센 모습 좀 보세요.

말 해 아주 좋은 말
말 들어 정말 좋은 말
늘 좋은 말 하고 살아요.

요람에 누우면

요람에 누우면
이 세상이 흔들린다.
나의 울음 흔들려 웃음이 되고
나의 고통 흔들려 환희가 되어
해마다 다시 살아나는 나무처럼
이 세상이 마구 흔들린다.

요람에 누우면
이 세상이 흔들린다.
나의 슬픔 흔들려 즐거움 되고
나의 역경 흔들려 안락함 되어
그 무슨 상서로운 의미 있는지
이 세상이 마구 흔들린다.

이곳 예산에 와 보면

옛 성현이 이르기를
좌 예천 우 예산이라 했으니
예사롭지 않아 너무 상서로운
이곳 예산에 와 보면
예절의 고을답게
늘 퍼내어도 다시 솟는 샘물처럼
예당저수지만큼 물이 출렁이고
예당평야만큼의 풍요가 일렁대서
용봉산 그 아름다움이 참 선명하다.

옛 성현이 이르기를
좌 예천 우 예산이라 했으니
예사롭지 않아 너무 상서로운
이곳 예산에 와 보면
예절의 고을답게
늘 마주해도 너무 좋은 사람처럼
밝은 햇살 같은 인심이 피어 나
고운 별빛 같은 말솜씨 정겨워서
의좋은 그 형제간 우애가 참 아름답다.

* 좌 예천 우 예산(左 禮泉 右 禮山)이란? 우리나라에서 예의 고장으로 경상도 예천군, 충청도 예산군이 유일 으뜸인 고장으로 일컬음.

원점에서 소통하는 일
— 탐욕과 마음 닦는 건

원점에서 그대 눈높이로
소통하는 일
얼마나 경이론 일인가.
얼마나 설렘이 많은가.

원점에서 그대 눈높이로
늘 처음처럼 소통하는 일
탐욕은
순간의 이슬이요.
마음 닦는 건
영원한 참 보배다.

탐욕 버리고
마음 닦는 일은
어떠한 위급한 상황이 와도
정말 아름답고 숭고한 것.

원점에서 그대 눈높이로
소통하는 일

얼마나 경이론 일인가.
얼마나 설렘이 많은가.

알 수 없는 일

이 밤 고요를 깨고
솔솔 바람 불어 와
촛불 흔들림을 바라보면
우리는 언제나 공포의
의문표를 던진다.
불이 꺼지고 말 것인가.
아니면 불길이 더 센
화재가 되어
가진 것을 몽땅 태워버리고

봉선화, 봉선화야

지난여름 내내 혼신의 힘 다해
꽃 피우고 열매 맺은
봉선화, 봉선화야!
그대들은 여름 꽃의 대명사다.

소슬한 가을바람에
쇠잔한 몸 삭아져가고
그 아래 새순으로 부활한
봉선화, 봉선화야!

머잖아 너희들 머리 위로
무서리가 내릴 터인데
아이고, 어쩌면 좋을까
봉선화, 봉선화야!

지난여름 내내 혼신의 힘 다해
꽃 피우고 열매 맺은
봉선화, 봉선화야!
그대들은 여름 꽃의 대명사다.

출동벨 소리에 심장이 뛴다

출동벨소리에
심장이 뛴다.
화재출동이 그렇고
구조출동이 그렇고
구급출동이 그렇다.

출동벨 소리에
심장이 뛴다.
위급한 화재로 공포에 떨고 있는
사람이 있을까 그렇고
위급한 상황의 공포에 떨고 있는
사람이 있을까 그렇고
위급한 순간의 공포에 떨고 있는
사람이 있을까 그렇다.

출동벨 소리에
심장이 뛴다.
화재진압에 완벽을 다했는지
직업의식이 그렇고
구조업무에 완벽을 다했는지

직업의식이 그렇고
구급업무에 완벽을 다했는지
직업의식이 그렇다.

출동벨소리에
심장이 뛴다.
화재출동이 그렇고
구조출동이 그렇고
구급출동이 그렇다.

인사이동 인사 글

좋은 분들과 함께 근무했다는 건
제겐 큰 위안이었고 행복이었습니다.
그간 고마웠습니다. 정말 고마웠습니다.

좋은 분들이시여!
기쁜 일 즐거운 일이 날마다 일어 나
흰눈처럼 펑펑 내리고 소복소복 쌓이기를
축복과 행운이 햇살 같이 늘 함께하기를
간절히 기원합니다.

좋은 분들이시여!
모두가 하시는 일 홍겹게 즐거우시길
올해도 유종의 미를 듬뿍 거두는 한 해되시길
부디 더 건강하시고 다복한 다음해 맞이하시길
간절히 기원합니다.

좋은 분들과 함께 근무했다는 건
제겐 큰 위안이었고 행복이었습니다.
그간 고마웠습니다. 정말 고마웠습니다.

추신 : 금번 인사이동로 충청소방학교로 일터를 옮기게 되었습니다. 오시는 길에 들려주시면 영광으로 알고 따뜻한 차(茶) 한잔 올리겠습니다.

천안시인회

정덕채

- 충북 괴산 출생
- 2002년 해동문학
- 충남시인협회
- 서안시문학회
- 천안시인회
- 시집『연필 깎는 밤』(시로여는세상)

2013

후폭풍

산에 이마를 쿵쿵 찧으며
밤새 하늘이 통곡을 했다

아침에 일어나 보니
여러 그루의 나무가 부러지고
많은 풀들이 쓰러졌다

이제 땅은 또 몇 날 며칠을
앓아누울 것인가

태풍이 쓸고 지나 간 아침
기도 할 일이 많아졌다

하나님의 바짓가랑이
찢어지게 생겼다

쭈글쭈글한 거울

어머니 얼굴을 가만히 바라보면
롤러코스터처럼 달려 온 생애의
수많은 모서리에 맘을 다친다

한 때는 거울처럼 반질거렸으나
풍치처럼 솟아오르고 덜컥 내려앉아
물결무늬 새겨 진 어머니의 얼굴 속에
내가 있다

금쪽같은 새끼
가슴에 품어 가기에도 부족해서
주름 속에 담고 또 담은 까닭이다

내 얼굴을 닮아갈수록 위태로워지는
쭈글쭈글한 거울
흔들리면 쨍! 하고 깨질 것만 같아서
입 안에서만 우물거려온 말
"저도 당신을 사랑합니다, 어머니"

자문(自問)

여름 한 낮 느티나무 아래서
장기를 두는 노인장이
장군에 멍군을 받으며
혼자 말씀을 하신다

모르겠네,
죽을 것을 뻔히 알면서
왜 저놈은 굳이 여기로 왔는지
통 속을 모르겠네

뭔가 이유가 있을 텐데

나는 또 왜 여기에 왔는지
당최 모르겠네

유성우(流星雨)

지금 반짝이는 저 별빛은
오래 전 흘렸던 내 눈물입니다

내일 밤에도
또
천년 후의 이런 밤에도
우리는 이 별빛을
함께 보길 바라지만

그 때 화살촉처럼 반짝일 별빛도
결국 당신을 향해 부른
내 노래일 것입니다

광속으로 달리던 나의 고백이
끝내 까맣게 타버리는 날
가슴에는 오늘 밤처럼
불화살이 쏟아질 것입니다

雨日有感

비 온다
비 오고 바람 분다

너무 익숙해진 이 풍경과
시들해진 사랑을 재워 두고
먼 길을 나선 다 해도
바람을 핑계 삼을 수 있어 좋겠다

감추고 싶은 사나이 눈물도
입술을 깨물며 얼버무린 인사말도
비바람에 날려버릴 수 있는
오늘 같은 날

안부가 궁금한 그대가 있어
참 고맙다

여류화가의 붓

빈 젖도 제대로 물리지 못한
막둥이의 창백한 이마처럼
마른 풀잎을 보면 입술이 탄다

쩍쩍 갈라진 저 대지를
어떻게든 적셔야 한다는 숙명으로 잡은
당신의 붓, 하얀 캔버스를 쓰다듬는
붓끝이 빈혈처럼 떨린다

한이다, 화룡점정
붓끝에서 떨어 진 먹물이 껍질을 벗는다
빨강 땡땡이무늬
무당벌레의 날개가 반짝인다

오오 죽음보다 화려한 외출
꿈결 같다
촉촉한 붓끝에 젖이 돈다

* 박정옥 화백의 그림 ("화려한 외출 No.14")을 詩化 함.

아스팔트 위의 예수

달동네 골목 아스팔트 위를
달팽이 기어가신다

세상 모든 죄
돌돌 말아 짊어지고
쓸쓸히 언덕길을 오르신다

보리밀떡반죽처럼 뽀얀 맨발이
가슴아프다
손바닥에 못 박힌 듯
옆구리를 찔린 듯
내가 아프다

씨마늘을 달며

베란다 벽에 못을 박고
씨마늘 꾸러미를 매달고 보니
무게를 짊어진 못과
맨살로 못을 받아내고 있는 벽이
어느 인생을 닮았다는 생각이드네

휘지 않고는 견딜 수 없는
인장강도(引張强度)의 한계점이
아버지들의 무덤이라면
뚝! 하고 아버지의 숨이 떨어진 후
몸 구석구석 박힌 못을
글루코사민이라 믿고 사는 어머니는
마치 저 벽과 같네

쿵 쿵!
힘차게 망치질을 하네
좀 생뚱맞지만,
설거지를 하는 아내 등짝에
튼튼한 못 하나 박아주고 싶네

별똥별 · 2

어금니 부서지는 아픔의
불꽃이 지고 있다
그리움이 깊을수록
사랑은 찰라로 어긋나는 것인가
오늘 밤 너는
또 한 번 나를 비켜가고
까맣게 타버린 가슴에
총총총 쇠못 박힌다

벽과 문 사이

누더기가 된 절망을 기워서
희망의 집을 지을 수 있을까
싶겠지만,
몇 장의 비닐 천막을 엮어 지은
포장마차에 앉아서
매운 닭발에 소주 몇 병 들이켜고 나면
비로소 알게 된다

수 없이 두드려도
굳게 빗장 걸려 있던 세상의 문은
사실은 벽이었다는 것
문이 벽이고 벽이 문이었다는 것

방광이 터질듯 한 위기의 순간에
절박한 심정으로 몸 던져 밀면
못 이기는 척 문이 돼주는
포장마차의 누더기 벽

절망의 등 뒤에 숨어 있다가
슬쩍 모습을 보여주기도 하는 희망

도토리의 꿈

개밥의 도토리 한 알
찌그러진 하늘 덮고
무너진 산을 베고
꿈을 꾼다

내일은 한 그루의 나무
그리고
숲
아, 그리운 금수강산

돛대도 아니 달고 삿대도 없이
살랑살랑 봄바람 타고
바다를 향해 간다

나무도 속죄를 한다

한겨울 소나무 가지에 쌓이는 눈이
신의 뜻이라면, 나무도 우리가 모르는
어떤 죄를 짓는 것이 틀림없다

쌓이는 눈의 무게가
회개하라는 신의 꾸지람이라면
팔 하나를 뚝 잘라 던지는 나무의 행위는
말하자면 나무의 단호한 회개

속죄 하려거든 나무처럼 해야 할 일이다
주저 없이 첫아이를 제단에 바치듯
때마다 금지옥엽을 떼어 버린 나무의
옹이 많은 속살을 본 적이 있는가

옹이는 나무의 흉터가 아니라
나무가 죄를 용서받은 자리에 핀 꽃
고목의 속살이 아름다운 까닭은
외투처럼 껴입은 세월의 무늬가 아니다

기뻐하라, 상처가 많은 당신
당신은 분명 아름다운 문양을 갖게 될 것이다
다만, 소나무처럼 끊임없이 속죄할 일이다

난감한 홍정

아들 딸네가 드리는 용돈이
유일한 수입원인 조은식 권사님이
셋째 딸이 드린 이십만원
작은 아들이 드린 십오만원에서
십일조를 떼어 담으며 기도를 하는데

'이건 우리 작은 아들 몫이고
이건 우리 셋째 딸 몫입니다
양심껏 에누리 없이 십에 일을 떼었으니
부디 천 배 만 배로 갚아주시옵소서
이년은 받을 만큼 받았으니
내 새끼들이나 더 축복해주시옵소서'

천 배 만 배 라니,
기도를 들으신 하나님
머리 좀 아프시겠다
이렇게 저렇게 주판을 튕겨 봐도
도무지 답이 없는 홍정을 놓고
멋지신 수염이
또 몇 가닥이나 희어지시겠다

천안시인회

윤여홍

□ 1944년 서울 출생
□ 1983년 《심상》 신인상으로 등단
□ 시집 『내 늪속에 빠져』 『꽃에게 기도하다』
□ 심상시인회, 충남문협, 서안시 회원.
2003년 충남문학대상
□ 공주사대 졸업. 천안여고에서 퇴직

나를 묻으리

태어날 때
좋은 사주를 받아서 탯줄 자르고
죽어서도
하관시간을 예약한다고 한다
시종여일
시간은 우리의 피조물이면서
피조물인 시간에게 결박당하는 것
생사를 받들고 기도하는
시간의 노예가 아닌가
내가 태어남도 증오이고
죽는 것 또한 저주리니
생로병사는 이미 진부한 것인데
별처럼 다시 태어난다면
시간을 낙엽처럼 밟고 다져서
시간의 무덤에게 나를 묻으리
썩어서 뜨거워지는 싸늘한 시간
씨앗처럼 무덤처럼 나를 묻으리

몽당연필

볼펜 깍지에 몽당연필을 끼우고
연필깎이를 돌린다 페이지를 넘기지 못하고
접어둔 삶의 기록을 저만치 밀어놓는다
몽당연필을 돌리며 멈춘 생각의 실금을 풀어내지만
커피 한 모금 아침을 해갈하는 공복의 시간이다
고장난 알람이 한 시간 늦게 울고 있다
내 일상은 지각이 없다 떠날 일도 서두르지 않는다
해의 중심에서 몇 만 시간 방황하던 빛의 출발
내게 오는 동안 8분이 걸렸다 한다
몽글 몽글 기포를 터뜨리는 내가 나를 분별하는 이숙(異熟)
의 풍자
아직은 독버섯이다 색깔을 지우고 향기를 버리는 것
누구의 숙주인 양 더디게 갈아 앉는다
속이 환하다 저어도 얼음이 되는 잠열처럼
없는 생각을 기울인다 끈끈하고 질긴 투명한 질감의
먼 기억의 생생함 끝내지 못한 에필로그를
다인숙업의 씨앗 터지는 소리가 쟁쟁하다
몽당연필이 더 뭉툭해졌다 심지와 향내의 잔해를 털고
생각의 심연으로 내가 숨는다 남은 것은 내세라 하자
해탈은 감옥을 나서는 것 그 때가 지금이다

배 속에서 꼬로록 소리가 난다
타자인 내가 나를 물끄러미 쳐다보고 있다

치매예방

혼자서 책을 읽는다
재현된 문자기호의 조합을 읽는다
알만큼의 색독으로
소리 내어 읽는다
한 자 한 자 고르게 끊어서 읽는다
속도를 고려하지 않고 어눌하지 않게 읽는다

책 읽는 나를 내가 본다
책 읽는 내 목소리를 내가 듣는다
눈으로 보고 듣고 목소리로 보고 듣는다
차츰 문맥 드러나고 문장 전체 보인다
양의 임계치가 넘으면 질이 된다
실체와 실재의 맥박이 언어를 춤추게 한다
개념적 진리는 진리가 아니라고
나는 경험주의자다
책을 읽으며 다시 깨닫는다

맛과 향기와 색깔로 카레라는 이름이 떠오른다
카레가 없어도 카레가 생각난다
꽃 지는 시간의 장엄으로 열매를 생각한다

석양을 아름답게 익어가는 눈빛의 사유처럼
내가 나를 읽는다 나는 지금
퇴행성 어머니의 퇴행성 치매를 읽고 있다

낙과

낙과한 자리에
내가 머물러 있네
문신처럼 내 팔에 얹고
향기를 문지르네
이제 내 생이 반이라도 족한데
기다리지 않는 자에게
시간은 말이 없네
미친 사랑처럼 과거의 시간이
나를 떠밀고 있네
더듬더듬 밤이 찾아오고
흙이 받지 못하는
불임의 나날이었네
남은 식솔은 나무의 양식으로
술처럼 익어가네

어머니 치매는 아직 이르다

어제가 오늘이고
오늘이 내일인 어머니의 말년은 행복하다
한 달 전 일 년 전 필요할 때마다
정확하게 재생하는 어머니의 기억력
오늘은 부쩍 타임머신을 타고
소설을 쓰신다 어제가 옛날인 화려한 과거
나는 열심히 듣는다 할머니의 덕담을
물려받으신 어머니 살아서 열반하셨나
독감 예방주사를 맞고 치매 상담을 권하는
가운 입은 여자의 눈빛에 눈총을 주시는
어머니의 나이 아흔 하고도 세 살이시다
다시 세 살로 태어나신 어머니의 총기가 무섭다
배추 절이고 속을 넣기까지 어머니의 손 맛은
아직도 살아 있다
김치 맛은 구식이어야 제 맛이라는
옳거니 옳거니 우리 어머니 치매는 아직 빠르다

아직 내 시는 시가 아니다

내 얼굴을 보고 소설보다 소설 같다고 한다
세상사 질곡이 다 새겨진 자화상 같은
내 얼굴을 감춘 그림자를 보고
시보다 더 시적이라고 한다 비밀처럼
감춘게 많고 요두증(搖頭症)처럼 흔들리는 고뇌의 허상 같은
나의 편년체는 아직 다만 몇 줄 뿐인데
매직아이처럼 숨은 그림 찾듯이 나를 찾아낸다
익명으로 나를 탐색하지만 그들은 나의 문명을
읽어내지 못하고 잡설에만 능한 저들은 은폐성
무슨 음모로 나를 죽이고 있다
꽃을 그리자니 한 장 종이꽃으로 나플거리는
내 기억의 꽃은 지금 꽃이 꽃이 아니듯이
누에 없는 잠실은 잠실이 아니고 생물이
생물이 아닌 어시장 같은 세상을 골똘하며
나를 본다 저들이 명명한 나의 익명을 본다
폐광 근처 사금처럼 모래에 섞여
나는 지금 잠수중이다 익명의 어둠 바다 속에서
빛이 있다면 내가 든 줄 알리라
그러면 나의 익명은 비로소 익명이 아니다
진실의 끝은 허구처럼 반짝인다 저 별이 그렇듯이

죽은 별들이 몇 광년을 지나 내게 와서 반짝이듯이
있으라하면 있는 신화 속의 빛처럼
생각이 골똘하게 반짝일 때까지
손바닥만 한 피 같은 단편의 여운 눈물 같은 한 줄의 시로
마침내 내 생이, 아침저녁이 죽은 별처럼 반짝였으면

가을통신

가을, 가을 별밤이 별빛이
다 모였다 책 읽듯이
나를 쳐다보았다
몇 광년의 망원경으로 마중하는
나의 책을 촉촉하게 젖어서 읽는다
나를 읽는 눈빛이 초롱초롱
눈물처럼 영롱하다 뚝뚝 내 눈에 비친다
슬픔을 독파하는 저 별빛의 격렬한 파장
내 슬픔의 중력은 뜨겁다
내 슬픔을 견디는 그의 슬픔이
눈썹 달 근처로 추락한다
바람이 책장을 넘기듯
내 얼굴을 창백하게 어루만진다
몇 광년만의 슬픔의 해후인가
내 슬픔의 기억은 또 몇 광년 만에
그를 만나서 보석 같은 눈물이 될까
슬픔처럼 눈물처럼 저렇게
반짝이고 있는데

안서(雁書)처럼 나는 우유 빛 슬픈 기별을
받아 적고 있다

가족사진

역광으로 숨었다 무슨 스캔들 있었나
어릴 적 빛바랜 가족사진에
내가 없다 무슨 알리바이처럼
사진 속을 들여다본다
어릴 적 인화되지 않은
내 생의 네거티브 어디를 갔었나
어느덧 7부능선의 가파른
삶을 기어오르고 있다
내가 없어도 소중한 사진을
가슴에 묻고 잠을 잔다
한가위 꽉 찬 달이 허공으로 텅 비어있다
죽음이 최후가 아니라는 생각인데
동생 둘은 하나는 혼자 갔고
하나는 혼자 남았다 없는 동생이
더 생생하다 내가 살아있는 이유다
동영상 속 손주녀석이
첫 걸음마 하다 신나게 넘어진다
내가 몰입하는 것을 손주녀석은
먼 훗날 알게 될까 갑자기
허리춤에 서리 같은 바람이 몰아친다

말년의 폭설 자멸 또는 자폭중이다
내가 없는 가족사진처럼
내일 해가 뜨면 나는 또
역광으로 사라질 것이다 어디 가서
내 삶의 알리바이를 찾을 것이다

위망매영재가

암 종을 거둔 과거생 묻고
정말로 누이는 갔다
만년향이, 향불이 누이의 서사가
환멸연기처럼
허공으로 사라졌다 허공 속
누이만 있고 아무도 없는데
여럿이 입 다물고 슬픔을 삭이고 있다
무표정하고 숙련된
염사의 이마에서 땀이 솟는다
아직 덜 마른 죽음의 습기를
열심히 닦아내고 있다
이승에서의 마지막 몸단장이
장엄했으나 더는 거기서
생사고통에 시달리지 말라고
지장삼매* 시다림을 듣고 계신가
마지막 꽃잎 즈려 덮고 입관하는
너만 허공에 들었구나 누이야
호곡하는 살아있는 누이야
누이가 머문 저 몸은 누이가 아니야
누이가 떠난 火宅같은

빈집이야 돌아올 일 걱정 마시고
잘 가시게 생로병사라니
삶이란 얼마나 진부한 것이냐
오늘도 누이를 생각하면 한 호흡이 가쁘다
한 호흡에 간신히 하루를 넘기고 있다

* 시다림 : 망자를 위한 법문

거울과 나

거울과 나는 생사 경계가 분명하다
거울 속으로 웃는 모습 본색을 감춘 나의 페르소나다
경련처럼 자꾸 웃는다
실존도 자각도 실종된 거울 속
나는 없고 거울 속의 나만 있다
통 큰 바지 멜빵을 한
차라리 채플린 닮았다
나와 닮은 옛 종자의 저 사람
거울 속의 저 사람 누구인가 외면할수록
일면식의 저 사람이 나를 자꾸 쳐다본다
내가 사라진 거울은 거울이 아니다
파경이다 물리적으로 나의 대칭을 파괴한다
시간 차원이 뒤틀린 생사의 경계 속
객진(客塵)번뇌라 했나 거울 속의 나를 밤새 닦는다

산행일기 · 2

산행도 눈치를 본다 내 등산복이 초보같다
산천이 온통 만원이다 갰다 흐렸다
절집도 파묻혀 보이지 않는다
층층으로 도 틔우는 나무 나무숲들
없는 절집 온통 악산인데
잊을만하면 빨간 리본 나뭇가지 흔든다
인적 없는 곳에서 인적을 보는구나
누구인가 그는 내게 선각이다
산적같은 달마가 이 산 저 산에서
코 고는 소리 들린다 대략 난감했던
깨달음이 백척간두다
깊은 속 구석구석 알 것 같은 안개 속
선각을 잇는 구름 속을 거닐다 아, 신족통이다
깨달은 중생이라니 그게 별거겠는가
마음 한 채 들인 허공 새소리 듣는다
내가 암자다 절집이 따로 있겠나

모닥불처럼

모닥불을 피워놓고 보면
불은 참 아름다운 죽음이다
하루살이처럼 바짝바짝 다가간다
갈짓자 저런 상승의
마지막 사색일 것 같은
얼굴에 불의 문신이 활활 새겨진다
쥬라기 은행잎 그 때 침엽수였을
신화 속 인간 같은 불의 휴식
누구를 위한 다비식인가 잿빛 은은한
밤톨 줍듯 사리를 뒤적인다
사색의 이 장면이 삼독의 습기를 말리고 있다
모닥불의 저 온기는 어디까지 살 것인지
가까운 저 은하가 나를 잡아당긴다
부지깽이 부질없이 다시 불을 당긴다
불쏘시개 같은 죽음은 나의 미래다
과거로의 시간여행은 너무 멀리 나간 나의 미래다
나는 매일 죽고 매일 살고 있다, 저 모닥불처럼

천안시인회

한 정 순

□ 《시와 시론》으로 등단
□ 문학박사
□ 천안시인회 회원
□ 천안문인협회 회원
□ 충남시인협회 회원
□ 호서대학교 국문과 겸임교수

2013

세월

— 버지나아울프를 기억함

이 길을 어떻게 왔는지
나는 모른다
가끔 산벚꽃 녹내장처럼
떨어져 나갈 때
그 때만 기억한다
한 번도 단숨에 이 길을
걸어본 적 없는 나
기억할 줄 모른다
벽에 웅크려 봄볕에 말려버린 살점
기억하며
내 몸을 공처럼 말아 올려도
누구도 나를 걷어차지 않고
지나간 사람들
나는 기억이 없다
그 늪까지 어떻게 갈 것인지
한 번도 생각한 적 없다

먼 곳

— 베르메르作 진주 귀걸이 소녀

몽환의 눈동자
말이 없다
분명 나를 바라보고 있는데
엷게 열린 입은 무슨 말을 하는지
들을 수 없다

먼 곳에 와 있다
등지고 사는 것이 세상이란 듯
나를 바라보는 눈
그 눈동자가 깊다
깊어서 닿을 수 없는 곳
먼 곳에 내가 있다

나를 바라보는 눈 빛
그 눈빛이 닿을 수 없는
곳으로 달아나는
나는 미궁이다

나는 아프다

마음의 근육들이 굳어있다
어떤 말로도 굳은 근육을
풀 수 없는 때를 살고 있다
어깨에 살포시 떨어지는 꽃잎에도
마음이 풀려
수런거리던 소리 냇가에 가득하던
한시절도 있었는데
지금은 썩은 박하향을 풍기며
떨어지는 미루나무 바람에도
마음의 근육들이 통증이 되어
한시절 질퍽거리고 있다

내부 고발
— 봄 꽃

봄이 왔다는 소식
들었다
지리산 작은 격자 방
저녁이면 네 눈으로
연기가 쏟아진다는
행랑채 부엌
흰 봄이 굽실거리며
네 눈 후비며 왔다

온종일
네 눈에 떨어지는
봄꽃을 세며 보냈다
꽃들이 서로 비집고 나오는
찰라
세기도 전에 땅으로 떨어지는
봄꽃들 사이
내 눈을 후비며 들어오는
꽃 한 송이
훤하게 다가와

네 눈을 비추고 있다
봄이 왔다는 소식
네 눈에서 보았다

오래된 통증

통증을 잊기 위해 사탕 하나
입 안에 넣는다
입 안 가득 퍼지는
오렌지 향
유혹하듯 가슴을
부풀리고 있다
갑자기 단단해지는 유두
통증의 기억이 아득해진다

조급하게 떨어지는
감꽃의 환영
기억의 틈에서 숨 막혀
나를 짓누르고 있다
사탕 하나
입 안에 넣는다
마약처럼 퍼지는
사카린 끈적한 향
비집고 나오려 하는
통증의 기억
내 어래된 통증이

어리숙한 기억에 눌려
마비되고 있다

절벽

손끝이 아프다
아픈 손끝에
졸음이 몰려온다
손에게 고백 한다
내 고백은 언제나
과거형이다
내 모든 과거를
손끝은 과거형으로
기억 한다
절벽 앞
뛰어 내리지 못해
더 절박했던
절벽이 되어
눈앞에 있다
뛰어 내리지
못하는 나
내가 절벽이다

알갱이

성가시게 바람이 분다

생각의 언저리에 붙어있던 기억

모두 빠져 나간다

알갱이만 남는다

심부름 같은 일상

또 하루를 보낸다

걸러진 알갱이들

나를 붙들고 있다

꽃나무에 새긴 나이테

천안시인회 사화집
제19집 · 2013

펴낸날 / 2013년 12월 20일
펴낸이 / 천안시인회
http://cafe.daum.net/poet041

발행처 / 오늘의문학사
대전광역시 동구 삼성1동 125-6 한밭오피스텔 401호
Tel(042)624-2980 Fax(042)628-2983
등록 / 제55호(1993년 6월 23일)
홈페이지 www.lito77.co.kr
E-mail : hs2980@hanmail.net
ISBN 978-89-5669-588-4

값 8,000원

이 도서의 국립중앙도서관 출판시도서목록(CIP)은
서지정보유통지원시스템 홈페이지(http://seoji.nl.go.kr)와
국가자료공동목록시스템(http://www.nl.go.kr/kolisnet)에서
이용하실 수 있습니다.(CIP제어번호: CIP2013027764)

* 잘못된 책은 바꾸어 드립니다.

* 이 책은 충청남도 문화예술진흥기금으로부터
제작비 일부를 지원받았습니다.